M. L'ABBÉ LOISEAU

CURÉ-DOYEN DE LA FERTÉ-SAINT-AUBIN

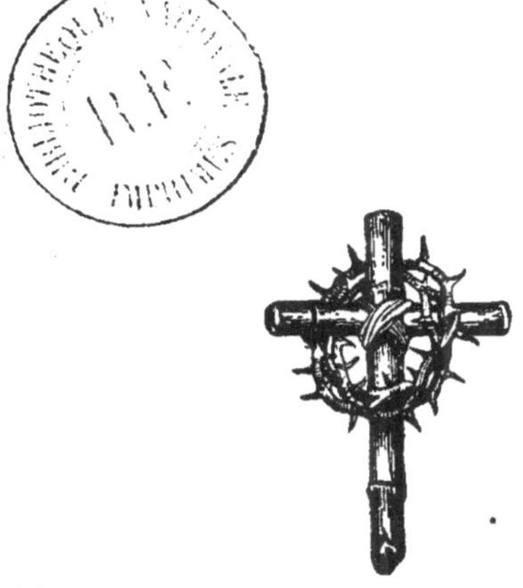

ORLÉANS

H. HERLUISON, LIBRAIRE-ÉDITEUR

17, RUE JEANNE-D'ARC, 17

—

1885

M. L'ABBÉ LOISEAU

L E 14 décembre 1885 ont été célébrées, dans l'église
de La Ferté-Saint-Aubin, les obsèques de M. l'abbé
Loiseau. Il avait été enlevé, quelques jours auparavant,
par une mort subite, à l'affection de sa famille et de ses
paroissiens. Aussi la funèbre cérémonie avait-elle un
caractère particulièrement touchant. Mgr Rabotin, archi-
diacre et ami du défunt, avait tenu à la présider. M. Tran-
chau, archiprêtre de la cathédrale, les prêtres du canton
et plusieurs autres ecclésiastiques étaient venus, de tous
les points du diocèse, confondre leurs communs regrets.
La population tout entière, on peut le dire, était là avec
son conseil municipal, son maire, ses deux adjoints.
Église tendue de deuil du sanctuaire à la porte et
rayonnante de flambeaux ; jeunes filles vêtues de blanc
et portant des couronnes ; bannières voilées de crêpes
noirs ; musique faisant succéder ses accords funèbres
aux chants liturgiques, rien ne manquait de ce qui peut
exprimer le regret et marquer la sympathie.

Mais quel était donc le prêtre qui était l'objet de cette
imposante manifestation ? Né en 1820, ordonné en 1845,
il avait été successivement vicaire de Ferrières, curé de
Griselles, de Sougy et de Saint-Jean-de-Braye. En 1878,
Mgr Coullié l'avait élevé à la cure décanale de La Ferté.

C'est là que ses vertus sacerdotales ont rayonné de leur dernier et plus vif éclat. Aussi avait-il conquis l'estime de ceux-mêmes qui pouvaient ne pas partager ses croyances, mais qui respectaient son caractère. Il avait été consolé, cette année, par la fondation d'un orphelinat agricole, due à la générosité de M. et Mme Dessales. Il consacrait à cette œuvre naissante les ardeurs d'un zèle qui semblait rajeunir... La mort a tout arrêté.

Nous n'en dirons pas davantage sur la vie et les vertus de ce prêtre vénérable. Chargé, le jour des obsèques, d'interpréter la douleur universelle, nous avons prononcé quelques paroles que nous demandons la permission de reproduire. Elles feront comprendre à ceux qui ne connaissaient pas personnellement M. l'abbé Loiseau quelle perte ont faite en lui la ville de La Ferté et le diocèse d'Orléans.

MONSEIGNEUR,
MES FRÈRES,

C'EST en votre nom à tous que je monte dans cette chaire pour rendre un dernier hommage au saint prêtre que nous avons perdu. J'y monte l'âme remplie à la fois de douleur et d'espérance.

De douleur : car qui donc ne s'est senti atteint par le coup que la mort vient de frapper ? Elle n'est pas venue lentement, par degrés, annoncée et comme préparée par la maladie. Elle est venue inattendue, foudroyante...

Il y a trois jours un prêtre aimé était au milieu de vous, plein de vie. Le voilà aujourd'hui couché dans un cercueil...

Il y a trois jours il passait, rapide, dans vos rues ; il avait reçu la veille une heureuse nouvelle ; il courait la porter à ses supérieurs. La portière d'un wagon se referma derrière lui. Une demi-heure après

elle s'ouvrait pour laisser apparaître un cadavre ina-
nimé...

Oui, le coup a été terrible, et c'est à peine si après
trois jours nous sommes revenus de la stupeur et de
l'épouvante qu'il nous a causées.

Et cependant, mes Frères, dès le premier moment,
une immense consolation est venue se mêler à notre
deuil. La mort, nous le savions, si soudaine qu'elle
eût été, ne l'avait pas surpris. Elle n'avait pas,
comme il arrive souvent, frappé une victime ou vulgaire ou coupable : messagère de Dieu, elle était
venue chercher une âme d'élite et toute prête pour
les joies éternelles.

Ces joies, je ne vous dirai pas par quels travaux,
par quelles vertus ce prêtre vénérable les avait mé-
ritées. Je ne veux que vous rappeler les principaux
traits qui formaient sa physionomie morale et lui
donnaient une sorte de charme surnaturel, que nous
subissions tous : l'abnégation, la bonté, l'esprit de
prière.

L'*abnégation*. Il était difficile de la pousser plus
loin que lui. Jamais de considérations mesquines ou
intéressées. Il ne voyait que Dieu et les âmes : quant
à lui, il s'oubliait. Il paraissait chaque fois que le
demandaient le devoir ou la dignité. En dehors de
là, on eût dit qu'il prenait plaisir à s'effacer. Un
prêtre arrivait-il dans sa paroisse, il l'arrêtait au
passage. Apprenait-il qu'un missionnaire, un ami,
pouvaient lui prêter un secours momentané; vite il
les appelait. Il leur cédait la parole; il leur deman-
dait d'entendre les confessions. Pourvu que vos fêtes
fussent belles, pourvu que vos consciences fussent
libres, pourvu que vous fussiez contents et que Dieu
fût glorifié, il était heureux.

Et n'allez pas croire que ce soit là une qualité vulgaire. Une telle abnégation suppose la victoire absolue sur soi-même, une humilité profonde et une élévation d'âme peu commune. Voilà pourquoi je l'ai indiquée tout d'abord comme le trait le plus frappant peut-être du caractère de celui que vous pleurez : c'était, je le sais, un de ceux qui vous touchaient le plus.

Le second trait était la *bonté*. Sous des dehors paisibles et presque froids il cachait toutes les tendresses du cœur.

Il était tendre à sa famille, et, quand il en voyait d'Orléans, de Cléry, arriver le groupe aimable, sa figure s'illuminait, et à son sourire, à je ne sais quel tressaillement de toute sa personne, on pouvait soupçonner la joie de son âme.

Ami dévoué, délicat et fidèle, il prenait part aux joies et aux peines de ses vicaires anciens ou nouveaux, de ses confrères, de ses condisciples. Les savait-il malades ou affligés, il s'empressait de leur porter une consolation. Célébraient-ils quelque heureux anniversaire, il allait le célébrer avec eux.

Mais, s'il était bon pour tous, je ne crains pas de le dire, c'était à vous, jeunes orphelins, les derniers venus et comme les Benjamins de sa famile spirituelle, à vous, pauvres et malades, qu'il réservait le meilleur de son cœur. Il ne savait rien vous refuser. Son temps, son argent, tout était à vous. Et ce qui valait infiniment mieux que tout l'or du monde, c'était cette bonté compatissante qui le retenait quelquefois de longues heures dans votre pauvre demeure, près de votre lit de souffrance; c'étaient ces attentions délicates dont il vous entourait, et jusqu'à ces lectures qu'il vous faisait parfois pour charmer vos ennuis et vous faire oublier un instant la douleur. Consumé lui-même par la maladie, torturé par d'atroces souffrances, il allait, il venait, il se dépensait comme à l'ordinaire. Jamais une plainte ne s'échappait de ses lèvres. Ce n'est qu'au lendemain d'une opération douloureuse que nous avons appris qu'il était malade, et que nous avons pu comprendre quel mâle courage il lui avait fallu pour continuer de consoler, de soulager les souffrances des autres en oubliant et en cachant les siennes.

Mais où donc, mes frères, où donc ce prêtre puisait-il cette abnégation, cet esprit de sacrifice, ce dévouement absolu aux âmes? Il les puisait dans *la prière*. Ses communications avec Jésus-Christ, on peut le dire, étaient continuelles. C'était le soir surtout qu'après les sollicitudes, les accablements du jour, il épanchait librement devant Lui son cœur. Ah! que d'ardentes supplications sont montées pour vous vers le ciel de cette petite cellule écartée qu'il s'était choisie! Longtemps après l'heure ordinaire du repos, sans feu, même par les plus froides nuits de l'hiver, il prolongeait sa prière. Il n'eût pas voulu s'endormir, je le sais, avant d'avoir récité tout son rosaire. Comme un enfant à sa mère, il confiait à la Vierge Marie, à la fin du jour, ses craintes et ses espérances, ses angoisses et ses joies.

La prière privée ne lui suffisait pas. Une supplication publique était-elle faite à Dieu dans quelque sanctuaire célèbre, il partait, il se mêlait au groupe des pèlerins. Ainsi l'ont vu tour à tour Chartres, Lourdes, Paray-le-Monial, Montmartre, le Mont Saint-Michel.

Non content de prier lui-même, il voulait que toutes les âmes pieuses de sa paroisse priassent avec lui, et, au risque d'étonner un peu votre piété, il vous convoquait, on peut le dire, presque chaque soir, au pied des autels.

Ah! pour de tels prêtres, la mort peut venir quand elle le veut. Lente ou rapide, elle n'a rien de terrible. Elle clôt leur existence, mais elle leur ouvre le ciel.

Allons donc sans inquiétude au champ des morts. Conduisons-y la dépouille inanimée qui est là sous vos yeux. Quand elle passera tout à l'heure dans vos rues, il n'est pas un front qui ne s'incline avec respect devant elle. Il n'est pas un homme qui, en la saluant, ne croie saluer la vertu elle-même.

Pour nous, qui avons particulièrement connu, particulièrement aimé l'âme qui l'animait, nous lui garderons un souvenir impérissable.

Elle nous rappellera à chaque instant ce qu'il nous importe le plus ici-bas de ne pas oublier : que la vie présente est fragile; qu'en une seconde la mort peut nous porter de ce monde au tribunal de Dieu; qu'il n'y a qu'un seul bien solide, la vertu; qu'une sainte vie peut seule nous mettre à l'abri des surprises de la mort et nous assurer une heureuse éternité.

Ainsi soit-il.

IMP. GEORGES JACOB, — ORLÉANS.